LECTURES FACILITÉES - LIVRES D'ACTIVITÉ

Cette collection de lectures facilitées est d'approche facile grâce à l'utilisation d'un vocabulaire d'environ 600 mots. Elle est indiquée aux étudiants âgés de 12 à 16 ans qui ont étudié la langue française au moins pendant deux ans.

Ces lectures sont très utiles en tant que support matériel pour les professeurs de français, pour stimuler les élèves à une lecture active : sur les pages de gauche une histoire complétée par des notes explicatives en français est proposée, et sur les pages de droite il y a des exercices qui font exclusivement référence au texte même. De cette façon l'étudiant est obligé non seulement d'accomplir une étude approfondie de ce qu'il a lu, mais aussi de s'appliquer à l'étude du vocabulaire, aux temps verbaux, à la syntaxe, etc., et à les réutiliser, en mettant aussi bien en état l'enseignant (et en se mettant lui-même en état) de vérifier le degré de compréhension.

De là, le nom "Livre d'activité" car tout est écrit sur la page, des feuilles ajoutées et des cahiers ne sont pas nécessaires. Il n'est pas nécessaire non plus de feuilleter le livret : tout ce qui sert à l'étudiant se trouve sous ses yeux. Certains exercices servent à résumer la connaissance de la langue française, d'autres sont plus amusants. A la fin de la lecture l'étudiant connaîtra l'histoire et sera même en mesure de la raconter !

texte, exercices et notes
Renée Mercier, Paul Gaumont

consultante linguistique
Martine Ducrouet

imprimé par
Techno Media Reference - Milano

© 1997 texte, notes et exercices

La Spiga languages - Milano

distribué par
Medialibri Distribuzione s.r.l.
via Plezzo, 36 - 20132 Milano
tel. (02) 21.57.240 - fax (02) 21.57.833

L'Affaire Dreyfus

Renée Mercier

Une crise générale éclate en France en 1898 et s'achève en 1900. Cette crise a commencé, en fait, le 22 décembre 1894 quand le premier Conseil de guerre de Paris a reconnu un capitaine d'artillerie, nommé Dreyfus, coupable d'"intelligences avec une puissance étrangère". C'est *l'Affaire Dreyfus*. Cet officier juif est condamné, dégradé et déporté, mais innocent de la trahison dont il est accusé.

La Spiga
LANGUAGES

L'AFFAIRE DREYFUS

UN PEU D'HISTOIRE

Jew

Le Président de la République Sadi Carnot est assassiné le 24 juin 1894 et l'élection d'un président républicain modéré, Casimir-Perier, symbolise un retour au calme et l'accession[1] au XXe siècle.

L'antisémitisme[2] se propage[3] un peu partout ; le capitaine Dreyfus est un juif français, reçu à l'École polytechnique[4] en 1878 et entré dans l'armée. Pour les juifs français, citoyens depuis la Révolution, l'armée représente une manière suprême[5] de servir la République.

Le 29 octobre 1894, le journal *La Libre Parole* signale l'arrestation d'un officier français pour espionnage et exige tout de suite les raisons du "silence absolu" de l'Armée sur l'affaire. *Specified*

La Patrie, autre journal nationaliste, précise qu'il s'agit d'un "officier israélite attaché au ministère de la Guerre", et *Le Soir* écrit que "l'officier en question s'appelait Dreyfus, qu'il avait trente-cinq ans, qu'il

1. Je réponds aux questions.

a) Comment s'appelle le Président de la République Française qui a été assassiné ?

Il s'appelle Sadio Carnot.

b) Quand a-t-il été assassiné ?

Il été assassiné le 24 juin 1894.

c) Comment s'appelle le nouveau Président de la République Française ?

Le nouveau président s'appelle Casimir Perier

d) De quel parti est-il ?

Il est républicain modéré

e) Qu'est-ce que l'antisémitisme ?

L'antisémitisme est racisme dirigé los juifs.

f) Que représente l'armée pour les juifs français ?

L'armée représente une manière suprême de servir

g) Quel est le premier journal qui signale l'arrestation d'un officier français ?

Le premier journal est La Libre République

h) Que précise *La Patrie* ?

La Patrie précise qu'il s'agit d'un officier israélite attaché au ministère de la Guerre.

i) De quel parti sont ces deux journaux ?

Ces deux journaux sont Nationaliste.

j) Qu'est-ce que *Le Soir* écrit ?

Le Soir écrit que l'officier...

---

1. **l'accession** : *l'entrée.*
2. **l'antisémitisme** : *racisme dirigé contre les juifs.*
3. **se propage** : *se répand.*
4. **l'École polytechnique** : *établissement militaire d'enseignement supérieur scientifique.*
5. **suprême** : *supérieure.*

5

était capitaine d'artillerie et était attaché au ministère de la Guerre".

Le lieutenant-colonel Maximilien von Schwartzkoppen est chargé par le Grand État-Major de Berlin de poursuivre les infiltrations[1] et, à son arrivée à Paris, la Section met en place un système d'interception de sa correspondance et un plan de récupération de ses papiers appelé "voie ordinaire". La femme de ménage de l'ambassade remet[2] les documents à un officier de la Section, dans une chapelle de l'église Sainte-Clotilde. La Section enquête depuis le début de l'année 1894 sur le trafic des "plans directeurs" pour les défenses de Nice et de la Meuse, que Schwartzkoppen et un attaché militaire italien, Panizzardi, désignent du nom de "Dubois". Une lettre prise par la Section parle de "ce canaille[3] de D." et ainsi ils attribuent[4] l'initiale D. à Dreyfus.

Le ministère de la Guerre ne précise pas le nom de Dreyfus dans un premier temps mais le 1er novembre au matin, *La Libre Parole*, titre en première page : "Haute trahison[5]. Arrestation de l'officier juif A. Dreyfus". Ensuite le Gouvernement rend officielle la nouvelle de l'arrestation du capitaine Dreyfus et de l'ouverture d'une instruction judiciaire décidée en Conseil de cabinet à l'unanimité des ministres pré-

2. Je réponds aux questions.

a) De quoi est-il chargé de faire le lieutenant-colonel von Schwartzkoppen ?

Le Lieutenant-colonel est chargé de poursuivre les infiltrations.

b) Que fait la Section ?

La Section met en place un rythème d'interception

c) Comment est appelé le plan de récupération des papiers ?

C'est appelé la 'voie ordinaire'

d) Pourquoi attribuent-ils l'initiale D. à Dreyfus ?

Ils attribuent l'initiale D. à Dreyfus parsque une lettre *

e) Que fait le ministère de la Guerre ?

Le ministère de la Guerre ne précise pas le nom de Dreyfus.

f) Que fait ensuite le Gouvernement ?

Le Gouvernement rend officielle la nouvelle de l'arrestation du capitaine Dreyfus

3. Je transforme selon l'exemple.

Où lis-tu cette nouvelle ?

Où est-ce que tu lis cette nouvelle ?

Où tu lis cette nouvelle ?

* parle de 'ce canaille de D.'

a) Quand écrivez-vous ces lettres ?

Quand est-ce que vous écrivez ces lettres ?

Quand vous écrivez ces lettres ?

b) À qui l'a-t-elle demandé ? *In which she asked?*

Qui est-ce que

c) Comment a-t-il fait ? *How has he done?*

Comment est-ce qu'ent-il fait

Comment a il fait

---

1. **les infiltrations** : *action de pénétrer, de réussir à savoir.*
2. **remet** : *donne.*
3. **ce canaille** : *pers. digne de mépris, malhonnête, nuisible.*
4. **ils attribuent** : *ils rapportent.*
5. **trahison** : *crime d'une pers. qui trahit, passe à l'ennemi.*

sents. Rien ne filtre de l'instruction. Les journaux *La Libre Parole* et *l'Intransigeant* s'attaquent directement au ministre de la Guerre, et l'accusent de vouloir étouffer[1] l'arrestation de Dreyfus, d'être responsable de la présence d'un "traître" à l'État-Major et de favoriser les juifs.

Le 15 novembre, deux officiers allemands sont arrêtés à Paris pour espionnage. La tension monte, mais le Gouvernement français doit conserver[2] des rapports diplomatiques franco-allemands.

Les attachés militaires allemands et italiens démentissent[3] les affirmations de la presse sur leurs relations avec Dreyfus. L'ambassade d'Allemagne fait publier une note dans *Le Figaro* disant :

"Jamais le lieutenant-colonel von Schwartzkoppen n'a reçu de lettres de Dreyfus. Jamais il n'a eu aucune relation, ni directe ni indirecte, avec lui. Si cet officier s'est rendu coupable du crime dont on l'accuse, l'ambassade d'Allemagne n'est pas mêlée[4] à cette affaire".

Mathieu Dreyfus, frère aîné du capitaine, convaincu de l'innocence de son frère cadet, portera jusqu'à son terme[5] l'œuvre de réhabilitation.

Comme première chose, il met en sûreté, à Bâle, une copie de l'acte d'accusation faite par son frère et communiquée par le commandant Forzinetti. Puis Me Demange, l'avocat du capitaine Dreyfus, tenu par le secret professionnel, dit seulement qu'un document

4. Je réponds aux questions suivantes par Vrai ou Faux.

a) On sait tout de l'instruction. (V) F

b) Des journaux s'attaquent au ministre de la
guerre en l'accusant de vouloir étouffer l'affaire. (V) F

c) Deux officiers allemands sont arrêtés pour
espionnage à Paris. (V) F

d) La tension descend et le Gouvernement
français ne veut pas conserver des rapports
diplomatiques franco-allemands. V (F)

e) L'ambassade d'Allemagne affirme qu'une
correspondance existait entre le lieutenant-
colonel von Schwartzkoppen et Dreyfus. V (F)

f) Mathieu Dreyfus est convaincu de l'innocence
de son frère cadet. (V) F

5. Je transforme les phrases suivantes avec le "que" restrictif. — means 'only' (ne ... que)

a) L'ambassade d'Allemagne a fait publier une note dans *Le Figaro*.

L'ambussade d'Allemagne n'a fait que publie

b) Le procès s'ouvre à Paris le 19 décembre 1894.

Le procès ne s'ouvre que à Paris

c) Vous rentrez seulement le soir.

Vous ne rentrez que le soir

d) Ils lisent les quotidiens.

Ils ne lisent que les quotidians

e) Nous commentons les dernières nouvelles.

Nous ne commentons que les dernière nouvelles

---

1. **étouffer** : *empêcher de se propager.* — propagate
2. **conserver** : *garder.*
3. **démentissent** : *contredisent.*
4. **n'est pas mêlée** : *ne s'occupe pas.*
5. **son terme** : *la fin.*

unique a servi pour l'accusation, et qu'il a été attribué au capitaine par des expertises graphologiques[1].

Le docteur Gibert avise[2] Mathieu Dreyfus qu'un "dossier secret" a été utilisé contre son frère pendant le procès.

Les renseignements manquent pendant l'année 1895.

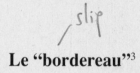

Le "bordereau"[3]

Le "bordereau" est le seul document accusateur. C'est une lettre recto verso qui annonce l'envoi de documents concernant l'armée française. Schwartz-koppen la déchire et la jette dans sa corbeille et elle arrive à la Section le 26 septembre 1894 toujours par "voie ordinaire".

Le commandant reconstitue[4] le bordereau, il s'alarme et avertit les sous-chefs d'État-Major qui informent le ministre.

La date du bordereau est estimée entre avril et juin. Ce document atteste de la trahison d'un officier fran-çais qui livre[5] des documents à l'Allemagne. Une grande confusion règne à la Section, comme à l'État-Major ainsi qu'au cabinet du ministre.

L'enquête pour découvrir le coupable s'oriente vers les officiers des bureaux centraux de l'État-

6. Je pose les questions pour les réponses suivantes.

a) *Que serve pour l'accusation* ?

Me Demange, tenu par le secret professionnel, dit qu'un document a servi pour l'accusation.

b) .... ?

Un "dossier secret" a été utilisé contre le capitaine Dreyfus.

c) .... ?

Ce sont les renseignements qui manquent pendant l'année 1895.

d) .... ?

Le "bordereau" est le seul document accusateur.

e) .... ?

Ce document atteste de la trahison d'un officier français qui livre des documents à l'Allemagne.

7. Je transforme selon le modèle. *as in, according to*

ex. Je veux poser cette question.

C'est la question que je veux poser.

a) J'ai essayé ce pull.

....

b) Vous désirez ces cadeaux.

....

c) Tu veux voir ce film.

....

d) Ils préfèrent ces disques.

....

e) Elles choisissent cette voiture.

....

---

1. **des expertises graphologiques** : *mesures par lesquelles des experts sont chargés de procéder à un examen technique relatif aux écritures individuelles.*
2. **avise** : *prévient.*
3. **le bordereau** : *relevé détaillé énumérant les divers articles ou pièces d'un dossier.*
4. **reconstitue** : *rétablit.*
5. **livre** : *donne.*

11

Major. Un lieutenant-colonel formule[1] l'hypothèse qu'il pourrait s'agir d'un officier d'artillerie, stagiaire à l'État-Major. Un autre colonel regroupe les rapports concernant les stagiaires[2] et retient un rapport négatif sur un officier "très intelligent et très bien doué, mais prétentieux". Le lieutenant-colonel et le colonel font examiner par une expertise graphologique la similitude[3] de l'écriture du "bordereau" et celle du capitaine d'artillerie Alfred Dreyfus. À partir de ce moment Dreyfus devient suspect[4]. Tout devient urgent, il faut absolument donner un nom au coupable[5] et, comme Dreyfus est suspect, il devient automatiquement coupable.

L'arrestation de Dreyfus

Dreyfus est convoqué pour une inspection le 15 octobre et il est arrêté[6] dans le bureau du chef de l'État-Major. On lui demande d'écrire une lettre où se trouvent certains mots qui se trouvaient sur le "bordereau". C'est la scène de la "dictée". Dreyfus a froid aux mains et tremble légèrement. Les officiers trouvent en cela un aveu[7] supplémentaire. Ils s'éloignent, le laissent seul dans le bureau avec un revolver en vue. Dreyfus n'a aucune intention de se suicider. La Sec-

8. **Je réponds aux questions suivantes.**

a) Où s'oriente l'enquête ?

....

b) Pourquoi le capitaine Dreyfus devient-il suspect ?

....

c) Pourquoi devient-il aussi coupable ?

....

d) Pour quelle raison Dreyfus est convoqué le 15 octobre ?

....

e) Que lui demande-t-on de faire ?

....

9. **Transforme en utilisant les adjectifs possessifs et la préposition appropriée.**

ex. J'écris aux amis.

J'écris à mes amis.

a) Tu as des nouvelles des parents.

....

b) Elle téléphone au frère.

....

c) Je parle de l'affaire.

....

d) Vous avez le numéro de la tante ?

....

e) Nous l'avons invité à la fête.

....

─────────────────────────────────

1. **formule** : *dit.*
2. **stagiaires** : *qui font leur stage (période d'études pratiques imposée aux candidats à certaines professions).*
3. **la similitude** : *la ressemblance.*
4. **suspect** : *qui est soupçonné, opinion qui fait attribuer à qqn des actes blâmables.*
5. **coupable** : *pers. qui a commis une faute.*
6. **il est arrêté** : *il est fait prisonnier.*
7. **un aveu** : *une déclaration, une confession.*

tion perquisitionne[1] son domicile sans prévenir sa femme, et trouve une lettre de son frère, appelée la "lettre du buvard". Ils examinent les mobiles possibles, mais n'en trouvent aucun. Le commandant chargé de l'enquête évite de conclure[2] en rendant son rapport.

L'instruction dure du 7 novembre au 3 décembre 1894, mais aucune preuve nouvelle n'est apportée sauf la haine antisémite des camarades du capitaine Dreyfus à l'État-Major.

Le capitaine Dreyfus condamné

Le procès s'ouvre[3] à Paris le 19 décembre 1894. L'accusé est Alfred Dreyfus, il a 35 ans et comparaît pour répondre de l'accusation d'"intelligences avec une puissance étrangère". Malgré l'absence de mobile[4] sérieux, Dreyfus est inculpé et condamné. La presse nationaliste et antisémite a réclamé une condamnation exemplaire et les grands titres dénoncent "le traître" dans une ambiance de nationalisme exagéré.

Le procès s'est ouvert à midi et refermé aussitôt après sur le huis-clos[5]. L'avocat de Dreyfus, Me Albert Demange, est convaincu de l'innocence de son client, mais on l'empêch de parler et la salle est évacuée.

10. Je réponds aux questions suivantes.

a) Que fait la Section sans prévenir sa femme ?

....

b) Que fait le commandant chargé de l'enquête ?

....

c) Y a-t-il des mobiles sérieux pour inculper Dreyfus ?

....

d) Que réclame la presse nationaliste ?

....

e) Est-ce que l'avocat de Dreyfus, Me Demange, a pu parler au cours du procès ?

....

11. Je transforme en utilisant les pronoms possessifs.

ex. Elle parle de sa fille.

Elle parle de la sienne.

a) Ce sont les devoirs de tes élèves.

....

b) Tu donnes ce travail à ta sœur.

....

c) Elle garde ses valises près d'elle.

....

d) Nous mettons nos manteaux.

....

e) Ils trouvent tes documents.

....

f) Je connais ses parents.

....

---

1. **perquisitionne** : *fait une recherche à son domicile.*
2. **évite de conclure** : *fait en sorte de ne pas terminer.*
3. **s'ouvre** : *débute, commence.*
4. **mobile** : *cause, motif.*
5. **huis-clos** : *toutes les portes sont fermées, le public n'est pas admis.*

Le verdict tombe le 22 décembre. Dreyfus est reconnu coupable "d'avoir en 1894, à Paris, livré à une puissance étrangère ou à ses agents, un certain nombre de documents secrets ou confidentiels intéressant la défense nationale". Le Conseil de guerre le condamne à la déportation dans une enceinte[1] fortifiée et à la dégradation militaire[2].

La nouvelle est reçue unanimement[3]. Il n'y a pas encore de résistance dreyfusarde et les juifs évitent de prendre parti par peur de soulever le mouvement antisémite.

Dreyfus demande un recours et le 31 décembre le Conseil de révision proclame que "la procédure est régulière et que la peine a bien été appliquée". Dreyfus est condamné. Sa femme, Lucie Dreyfus, est la seule à le voir avant la dégradation.

Le 5 janvier 1895, dans la cour de l'École militaire, la cérémonie a lieu. Tous les régiments de la garnison de Paris ont envoyé un détachement. La foule lance des injures antisémites derrière les grilles. Après la lecture de la sentence, un adjudant de la Garde républicaine arrache[4] les galons[5] et brise[6] le sabre du capitaine Dreyfus. Le capitaine défile ensuite devant les 4000 hommes et crie son innocence.

12. Je réponds aux questions suivantes.

a) Que dit le verdict ?

....

b) À quoi le condamne le Conseil de Guerre ?

....

c) Pourquoi les juifs évitent de prendre position pour Dreyfus ?

....

....

d) Que décide le Conseil de révision, le 31 décembre ?

....

e) Quelle est la personne qui réussit à voir Dreyfus avant la dégradation ?

....

f) Que se passe-t-il le 5 janvier 1895 ?

....

....

g) Que fait la foule ?

....

h) Que doit faire le capitaine Dreyfus après avoir été dégradé ?

....

13. Notes sur l'École Militaire.

L'École Militaire se trouve à Paris, près du Champ-de-Mars. Cette école a été ouverte en 1760, elle a servi de caserne à partir de 1787 et abrite aujourd'hui l'École d'État-Major, les Écoles Supérieures de Guerre et l'École Supérieur d'intendance.

1. **une enceinte** : *un espace entouré d'une clôture qui en défend l'accès.*
2. **la dégradation militaire** : *destitution infamante d'un grade.*
3. **unanimement** : *d'un commun accord, par tous.*
4. **arrache** : *enlève.*
5. **les galons** : *signe distinctif des grades et des fonctions dans l'armée.*
6. **brise** : *casse.*

17

L'Île du Diable

Dreyfus est emmené gare d'Orléans dans la nuit du 17 janvier 1895 et enchaîné dans une cellule au fond d'un wagon. Arrivé à La Rochelle, la foule le reconnaît et le frappe puis il est emmené dans la nuit sur l'île de Ré. Il reste isolé au bagne[1] de Saint-Martin, voit quelquefois sa femme et correspond avec elle.

Le 21 février, il part sur un vapeur, le Ville de Saint-Nazaire. Le bateau appareille[2] le jour suivant en Guyane, sur l'une des trois îles du Salut, en face de Cayenne. Cette île est appelée l'Île du Diable car elle a servi à isoler les lépreux du bagne.

Dreyfus écrit au nouveau Président de la République, Félix Faure, qui a succédé à Casimir-Perier, mais celui-ci ne lui répond pas.

Le 6 septembre 1896, il est mis aux fers, c'est-à-dire que chaque nuit une "double boucle" lui enserre[3] les pieds et meurtrit les chairs[4].

Il ne finit jamais de proclamer son innocence et continue d'écrire.

Depuis que Dreyfus se trouve à l'Île du Diable la France se rend compte d'un "risque juif" et de la faiblesse du Gouvernement républicain.

La propagande de "La France aux Français" ne correspond pas à l'indifférence de la majorité des juifs

14. Je réponds aux questions suivantes.

a) Où est-il emmené, le 17 janvier 1895 ?

....

b) Où est-il isolé ?

....

c) Où appareille le bateau, le 22 février ?

....

d) Pourquoi cette île est-elle appelée l'île du Diable ?

....

e) Que veut dire : "il est mis aux fers" ?

....

f) Qu'est-ce qu'il continue à proclamer ?

....

15. Je mets les phrases suivantes à la forme affirmative.

a) Nous n'avons pas de temps.

....

b) Elle n'a pas de travail.

....

c) Vous n'avez pas d'amis.

....

d) Il n'y a ni sucre ni pain.

....

e) Tu n'as plus de fruits pour ce soir.

....

---

1. **au bagne** : *établissement pénitentiaire où se purgeait la peine des travaux forcés.*
2. **appareille** : *lève l'ancre, se prépare à quitter le port.*
3. **enserre** : *entoure en serrant très fort.*
4. **les chairs** : *la peau.*

pour le sort de Dreyfus car la solidarité pour Dreyfus se limite seulement au cercle familial.

La vérité

Marcel Thomas a terminé une enquête demandée par la Cour de cassation en 1898 et en 1904. Cette enquête menée[1] avec patience et sérieux prouve[2] l'innocence du capitaine Dreyfus.

Le groupe des dreyfusards

À la rentrée de septembre 1896, les dreyfusards, qui sont un petit groupe uni, décident de créer l'événement en donnant la nouvelle de l'évasion de Dreyfus. L'agence britannique *Daily Chronicle* fait paraître le 3 septembre cette nouvelle qui passe presque inaperçue[3] dans la presse française. Mais, le jour de cette fausse nouvelle, le nouveau chef de la Section de statistique, le lieutenant-colonel Picquart, remet à un général une note secrète révélant[4] l'innocence de Dreyfus, condamné à la place du commandant Esterhazy. L'affaire reprend car entre le 7 et le 15 mars 1896, la "voie ordinaire" fait arriver un "petit bleu",

16. Je réponds aux questions suivantes.

a) Qui est-ce qui a demandé l'enquête en 1898 et en 1904 ?

....

b) Qu'est-ce qu'elle prouve cette enquête ?

....

c) Qui sont les dreyfusards ?

....

d) Que fait l'agence britannique Daily Chronicle ?

....

e) Quand reprend-elle l'affaire ?

....

f) Que fait arriver "la voie ordinaire" ?

....

**17. Je remplace le complément d'objet par le pronom *LE, L',
LA*, ou *LES*.**

a) Vous écoutez la radio.

....

b) Nous étudions le chapitre d'histoire.

....

c) Vous aimez vos enfants.

....

d) Tu manges la confiture aux abricots.

....

e) Elle tricote le pull-over.

....

---

1. **menée** : *faite*.
2. **prouve** : *démontre*.
3. **inaperçue** : *sans être vue*.
4. **révélant** : *confirmant*.

c'est-à-dire une lettre-télégramme déchirée en morceaux. Picquart reconstitue le document et remarque que le petit bleu et un brouillon[1] parvenu auparavant sont de la même écriture, qui n'est pas celle de Schwartzkoppen. Picquart décide d'ouvrir une enquête qu'il garde secrète pendant quatre mois. Le 5 août 1896 il informe directement le chef d'État-Major et le ministre de la Guerre. Picquart veut comparer[2] l'écriture de ces lettres avec celle du bordereau. L'expertise concluante révèle la trahison d'Esterhazy et la nullité de la condamnation de Dreyfus puisqu'il n'est pas l'auteur du bordereau. Picquart consulte les charges contre Dreyfus et se procure le "dossier secret". Ce dossier est vide et appuyé sur des faux. Il se rend avec son dossier complet chez le chef d'État-Major, le général de Boisdeffre, qui lui dit de soumettre[3] son enquête à un autre général. Boisdeffre apprend que Picquart a évoqué[4] le "dossier secret" et décide avec d'autres d'étouffer[5] l'affaire et d'isoler Picquart.

Le sous-chef d'État-Major aurait admis la non culpabilité de Dreyfus mais l'important est que son innocence ne soit pas reconnue afin de protéger l'État-Major et l'Armée :

« Qu'est-ce que cela vous fait que ce juif reste à l'île du Diable ? demande-t-il à Picquart qui proteste l'innocence de Dreyfus, c'est une affaire que l'on ne peut pas rouvrir ; le général Mercier, le général Saussier y sont mêlés. »

18. Je pose les questions pour les réponses suivantes.

a) .... ?

La voie ordinaire fait arriver un "petit bleu".

b) .... ?

C'est une lettre-télégramme déchirée en morceaux.

c) .... ?

Il ouvre une enquête qu'il garde secrète pendant quatre mois.

d) .... ?

L'expertise révèle la trahison d'Esterhazy et la nullité de la condamnation de Dreyfus.

e) .... ?

Le dossier contre Dreyfus est vide et il est appuyé sur des faux.

f) .... ?

Le général Boisdeffre décide d'étouffer l'affaire et d'éloigner Picquart.

19. Je remplace l'adjectif démonstratif par le pronom correspondant.

a) Tu connais cette ville.

....

b) Elle a trouvé ce cartable.

....

c) Nous choisissons ces robes.

....

d) Ils préfèrent ces gâteaux au chocolat.

....

e) Tu racontes cette histoire.

....

---

1. **brouillon** : *première rédaction d'un écrit qu'on écrit correctement après.*
2. **comparer** : *confronter, faire une comparaison.*
3. **de soumettre** : *de passer, de donner.*
4. **évoqué** : *montré.*
5. **d'étouffer** : *empêcher d'éclater, de se développer.*

Mais Picquart s'obstine et le général Gonse lui intime[1] le silence. Picquart refuse et dit une phrase qui est devenue célèbre et a fait de lui un héros dreyfusard :

« Je ne sais pas ce que je ferai, mais, en tout cas, je n'emporterai pas ce secret dans la tombe ! »

Cet affrontement[2] anticipe les batailles entre dreyfusards et antidreyfusards.

L'État-Major décide de confier[3] à Picquart une mission inutile loin de Paris. Il doit faire l'inspection des services de renseignements des corps d'armées de l'Est et du Sud-Est.

Un mémoire est publié à Bruxelles sous la forme d'une petite brochure, *La Vérité sur l'affaire Dreyfus*. Cette brochure est adressée à 3500 personnes, des écrivains, universitaires, savants, parlementaires etc. … L'État-Major est surpris par la précision et la justesse[4] des informations. Gonse accuse Picquart, qui n'a rien à voir avec ces informations, et l'État-Major décide d'envoyer Picquart en Tunisie.

"J'accuse"

En étudiant les documents concernant l'affaire Dreyfus, Zola rédige[5] une lettre au Président de la République et la porte à *L'Aurore*. Pendant la lecture

20. Je réponds aux questions suivantes.

a) Pourquoi ne peut-on pas rouvrir l'affaire du capitaine Dreyfus ?

....

b) Pourquoi Picquart devient-il un héros dreyfusard ?

....

c) Pourquoi Picquart est-il éloigné de Paris ?

....

d) À qui est adressé le mémoire *La Vérité sur l'affaire Dreyfus* ?

....

e) Qui est-ce qui est surpris des révélations de ce mémoire ?

....

f) Qui est-ce qui est accusé de ces informations ?

....

21. Je complète les phrases suivantes par *TRÈS*, *BIEN* ou *BEAUCOUP*.

a) Il fait .... froid ce matin, ... plus qu'hier.

b) Notre professeur a expliqué .... de règles grammaticales et nous avons .... d'exercices à faire.

c) Nous voulons .... comprendre cette leçon et nous avons posé .... des questions.

d) J'ai peu de temps, j'ai .... de choses à faire.

e) Vous devez lire .... de livres.

f) Elle apprend .... bien le français.

---

1. **intime** : *signifie avec autorité.*
2. **cet affrontement** : *le fait de s'affronter, aller hardiment au-devant d'un adversaire.*
3. **de confier** : *de remettre, de donner.*
4. **la justesse** : *l'exactitude, la précision.*
5. **rédige** : *écrit.*

des épreuves Clémenceau lui donne le titre célèbre de "J'accuse". Sur huit colonnes Zola démontre les raisons de la condamnation de Dreyfus et la logique mise en place qui a impliqué l'acquittement[1] du coupable. Il termine par des accusations contre l'État-Major, les Conseils de guerre et la presse : "Qu'on ose donc me traduire en Cour d'assises et que l'enquête ait lieu au grand jour !"

Réaction de l'État-Major : le procès contre Zola s'ouvre le 7 février 1898 au Palais de justice de Paris. *L'Aurore* et *Le Siècle* publient *in extenso* tous les débats. Les bagarres éclatent chaque jour entre dreyfusards et antidreyfusards. À la deuxième audience, le préfet de police intervient et fait évacuer[2] Zola et quelques amis.

Le 23 février, le verdict condamne Zola à la peine maximale. L'avocat se pourvoit[3] tout de suite en cassation pour vices de forme.

Le 2 avril, la chambre criminelle de la Cour de cassation, retient un vice de forme et annule le procès Zola. Mais cette décision avait pris position sur le fond et le second procès Zola est convoqué pour le 23 mai. Les débats sont repoussés, reprennent le 18 juillet et les conclusions prises par la défense sont rejetées par la Cour. L'avocat de Zola lui conseille de faire défaut[4] et de quitter l'audience[5]. Le soir même, Zola s'enfuit en Angleterre.

22. Je réponds aux questions suivantes.

a) Qui est-ce qui donne le titre "J'accuse" à la lettre de Zola ?

....

b) Par quoi termine-t-il Zola dans sa lettre ?

....

c) Quelle est la réaction de l'État-Major ?

....

d) Quels sont les quotidiens qui publient *in extenso* tous les débats ?

....

e) Que se passe-t-il le 23 février ?

....

f) Que fait Zola après le 18 juillet ?

....

23. Je mets les phrases suivantes au passé récent.

a) Le procès s'ouvre le 7 février 1898 à Paris.

....

b) Le verdict condamne Zola à la peine maximale.

....

c) Les bagarres éclatent chaque jour entre dreyfusards et antidreyfusards.

....

d) Zola s'enfuit en Angleterre.

....

---

1. **l'acquittement** : *le fait de déclarer un accusé non coupable.*
2. **évacuer** : *faire sortir.*
3. **se pourvoit** : *en droit, qui recourt à une juridiction supérieure.*
4. **de faire défaut** : *manquer, d'être absent.*
5. **de quitter l'audience** : *de laisser la séance d'un tribunal.*

La révision du procès
Dreyfus

Les dreyfusards ont obtenu la révision du procès. L'audience solennelle de la Cour de cassation s'ouvre le 29 mai 1899. Le jugement du Conseil de guerre de 1894 est cassé et Dreyfus est renvoyé devant le Conseil de guerre de Rennes. Les magistrats dénoncent[1] le procès de 1894.

La Ligue des droits de l'homme envoie un remerciement public aux "champions de Dreyfus", et Zola rentre d'exil[2] et signe un article dans *L'Aurore* : "Justice".

Le procès s'ouvre le 7 août et le 8 septembre 1899, le commissaire du Gouvernement déclare que Dreyfus est coupable, mais lui accorde les circonstances atténuantes[3]. Il est condamné à dix ans de prison et à nouveau à la dégradation. Les dreyfusards sont effondrés[4].

Le verdict annonce une solution pour Dreyfus : le pardon, pour mettre un terme à l'Affaire. Le Conseil de guerre se réunit le 10 septembre et demande que Dreyfus n'ait pas l'épreuve de la dégradation.

Loubet signe le décret de grâce[5] au Conseil des ministres le 19 septembre et Dreyfus est finalement libre.

24. Je réponds aux questions suivantes.

a) Qu'est-ce que les dreyfusards ont obtenu ?

....

b) Qui est-ce qui dénoncent le procès de 1894 ?

....

c) À qui envoie-t-elle un remerciement la Ligue des droits de l'homme ?

....

d) Que fait Zola en rentrant d'exil ?

....

e) Que déclare le commissaire du Gouvernement ?

....

f) Quelle est la solution que le verdict annonce pour Dreyfus ?

....

g) Que fait Loubet ?

....

25. Je mets les phrases suivantes au futur proche.

a) Les dreyfusards ont obtenu la révision du procès.

....

b) Les magistrats dénoncent le procès de 1894.

....

c) Le procès s'ouvre le 7 août et le 8 septembre 1899.

....

d) Il est condamné à dix ans de prison.

....

e) Le Conseil de guerre se réunit le 10 septembre.

....

f) Loubet signe le décret de grâce au Conseil des ministres.

....

---

1. **dénoncent** : *veulent annuler pour mauvaise action.*
2. **rentre d'exil** : *revient d'un lieu hors de sa patrie.*
3. **circonstances atténuantes** : *faits qui atténuent la gravité d'une infraction.*
4. **effondrés** : *écroulés, affaissés.*
5. **le décret de grâce** : *une ordonnance de remise de peine.*

Le vrai coupable

Schwartzkoppen et ses supérieurs militaires savent que le coupable n'est pas le capitaine Dreyfus, mais Walsin-Esterhazy.

Esterhazy est chef de bataillon au 74e régiment d'infanterie et il s'est mis en contact avec l'ambassade d'Allemagne le 20 juillet 1894. C'est lui-même qui a proposé des documents à Schwartzkoppen contre des sommes d'argent.

Esterhazy collabore au *Journal des sciences militaires* et à *L'Autorité*. "L'épée et la Plume", une association d'écrivains militaires, est utile à Esterhazy comme réseau d'influence. Il se propose au baron Edmond de Rotchschild comme informateur[1] des milieux antisémites en 1895.

Esterhazy a toujours besoin d'argent, il est joueur, escroc[2] et proxénète[3]. Il est déféré le 11 juillet 1898 devant le Conseil d'enquête afin d'être éliminé de l'Armée.

Dreyfus est rétabli[4] dans son grade de capitaine en 1899. Le 20 juillet 1906, il reçoit la Légion d'honneur dans la cour de l'École militaire. Le 14 juillet 1907, sur sa demande, Dreyfus est mis à la retraite[5].

Il est mobilisé pendant la Première Guerre mondiale et participe aux combats de Verdun.

26. Questions à propos du texte.

a) Comment as-tu trouvé cette histoire ?

....

....

....

b) Quelle fin aurais-tu donné à cette histoire ?

....

....

....

c) Que penses-tu du capitaine Dreyfus ?

....

....

....

d) Que penses-tu d'Esterhazy ?

....

....

....

e) Aurais-tu été dreyfusard ou antidreyfusard ?

....

....

f) As-tu déjà vu l'École Militaire à Paris ? Près de quel monument se trouve-t-elle ?

....

....

---

1. **informateur** : *pers. qui donne des informations.*
2. **escroc** : *pers. qui a l'habitude de prendre les choses des autres.*
3. **proxénète** : *pers. qui tire des revenus de la prostitution des autres.*
4. **est rétabli** : *ramené, restitué.*
5. **la retraite** : *le fait de se retirer de la vie active.*

PREMIÈRES LECTURES

de Brunhoff	L'ÉLÉPHANT BABAR
Daudet	LA CHÈVRE DE M. SEGUIN
Gilli	MÉDOR ET LES PETITS VOYOUS
Grimm	CENDRILLON
Grimm	LES GNOMES
La Fontaine	LE LIÈVRE ET LA TORTUE
Les 1001 nuits	ALI BABA ET LES 40 VOLEURS
Perrault	LE PETIT CHAPERON ROUGE
Stoker	DRACULA

PREMIÈRES LECTURES
AUDIO LIVRES 📼 EN COULEURS

Arnoux	LE MONSTRE DE LOCH NESS
Andersen	LES HABITS DE L'EMPEREUR
Grimm	HANSEL ET GRETEL
Hugo	LE BOSSU DE NOTRE-DAME
Laurent	LE DRAGON DORMEUR
Laurent	POCAHONTAS
Pellier	LE VAMPIRE GOGO

LECTURES TRÈS FACILITÉES

Cavalier	LES MÉSAVENTURES DE RENART
Ducrouet	NUIT DE NOËL
Gilli	UN COEUR D'ENFANT
Gilli	VOYAGE EN T.G.V.
Hémant	MARIE CURIE
Laurent	UN VOLONTAIRE DANS L'ESPACE
Mérimée	LA VÉNUS D'ILLE

LECTURES TRÈS FACILITÉES
AUDIO LIVRES 📼

LE REQUIN / HISTOIRE DE FANTÔMES
BONNIE ET CLYDE / FUITE D'ALCATRAZ

LECTURES FACILITÉES

Daudet	TARTARIN DE TARASCON
de Beaumont	LA BELLE ET LA BÊTE
de Troyes	PERCEVAL
Dumas	LES TROIS MOUSQUETAIRES
Flaubert	MADAME BOVARY
Gautier	CAPITAINE FRACASSE
Juge	FUITE DE LA CAYENNE
Juge	JEANNE D'ARC
Malot	SANS FAMILLE
Martini	LA CHANSON DE ROLAND
Martini	LE ROMAN DE RENART
Martini	LE FANTÔME A CHENONCEAUX
Maupassant	BOULE DE SUIF
Mercier	L'AFFAIRE DREYFUS
Mercier	L'EUROTUNNEL
Pergaud	LA GUERRE DES BOUTONS
Perrault	LE CHAT BOTTÉ
Rabelais	GARGANTUA ET PANTAGRUEL
Radiguet	LE DIABLE AU CORPS
Renard	POIL DE CAROTTE
Rostand	CYRANO DE BERGERAC
Sand	LA MARE AU DIABLE
Sand	LA PETITE FADETTE
Terrail	LES EXPLOITS DE ROCAMBOLE
Verne	DE LA TERRE À LA LUNE
Verne	LE TOUR DU MONDE EN 80 JOURS
Verne	20 000 LIEUES SOUS LES MERS

LECTURES FACILITÉES
AUDIO LIVRES 📼

CONTES D'AFRIQUE / POIL DE CAROTTE
MÉMOIRES D'UN ÂNE / LA GUERRE DES BOUTONS

AMÉLIORE TON FRANÇAIS
AUDIO LIVRES 📼

Flaubert	UN CŒUR SIMPLE
Perrault	CONTES

ERSTE LEKTÜREN

Beitat	DIE ZWERGE IM WALD
De Beaumont	DIE SCHÖNE UND DAS BIEST
Dumas	DIE DREI MUSKETIERE
Grimm	ASCHENPUTTEL
Grimm	HÄNSEL UND GRETEL
Schiller	WILHELM TELL
Spyri	HEIDI
Stoker	DRACULA
Wallace	KING KONG

VEREINFACHTE LESESTÜCKE

Beitat	DIE LEGENDE VON SIEGFRIED
Beitat	GESPENSTERGESCHICHTEN
Beitat	TILL EULENSPIEGEL
Brentano	RHEINMÄRCHEN
Busch	MAX UND MORITZ
Goethe	FAUST
Grimmelshausen	SIMPLICIUS SIMPLICISSIMUS
Herrig	DIE PRINZESSIN SISSI
Herrig	VERSCHWUNDEN IN OST-BERLIN
Hoffmann	STRUWWELPETER
Kopetzky	DAS BERMUDADREIECK
Shelley	FRANKENSTEIN

VERBESSERE DEIN DEUTSCH

Büchner	LEONCE UND LENA
Chamisso	PETER SCHLEMIL
Eichendorff	AUS DEM LEBEN EINES TAUGENICHTS
Goethe	DIE LEIDEN DES JUNGEN WERTHER
Goethe	DAS MÄRCHEN
Grimm	AUSGEWÄHLTE MÄRCHEN
Grimm	DEUTSCHE SAGEN
Hauff	ZWERG NASE und andere Geschichten
Hoffmann	DER GOLDENE TOPF
Hoffmann	SPIELERGLÜCK
Kafka	IN DER STRAFKOLONIE
Keller	DIE DREI GERECHTEN KAMMACHER
Lessing	FABELN UND ERZÄHLUNGEN
Rilke	DIE LETZTEN
Schiller	WILHELM TELL
Schnitzler	DIE TOTEN SCHWEIGEN
Storm	IMMENSEE
Wedekind	DAS OPFERLAMM

LECTURAS SIMPLIFICADAS

Arciniega	EL CID CAMPEADOR
Cervantes	DON QUIJOTE DE LA MANCHA
Shelley	FRANKENSTEIN

CLÁSICOS DE BOLSILLO

Alarcón	EL SOMBRERO DE TRES PICOS
Cervantes	NOVELAS EJEMPLARES
Clarín	CUENTOS

AMÉLIORE TON FRANÇAIS

Alain-Fournier	LE GRAND MEAULNES
Balzac	L'AUBERGE ROUGE
Balzac	L'ÉLIXIR DE LONGUE VIE
Balzac	NAPOLÉON DU PEUPLE
Baudelaire	LA FANFARLO
Corneille	LE CID
Daudet	LETTRES DE MON MOULIN
Flaubert	UN CŒUR SIMPLE
Gautier	LA MORTE AMOUREUSE
La Fontaine	FABLES
Maupassant	LE PETIT FÛT
Molière	L'AVARE
Molière	L'AMOUR MÉDECIN
Molière	LES PRÉCIEUSES RIDICULES
Perrault	CONTES
Prevost	MANON LESCAUT
Rousseau	RÊVERIES DU PROMENEUR SOLITAIRE
Stendhal	LES CENCI
Voltaire	MICROMÉGAS